L'ENCYCLOPÉDIE LAROUSSE
6/9 ans

Les animaux disparus

Textes :
Thierry Olivaux

Illustrations :
Charles Dutertre, Florence Guiraud,
Donald Grant et Jean François Penichoux

Direction de la publication : Dominique Korach
Direction éditoriale : Françoise Vibert-Guigue
Direction artistique : Jean-François Saada
Conception graphique : Lieve Louwagie, Anne Delalandre
Maquette : Cynthia Savage
Correction : Marie-Claude Salom-Ouazzani
Recherche iconographique : Véronique Brown
Fabrication : Jacques Lannoy

L'ENCYCLOPÉDIE LAROUSSE
6/9 ans

Les animaux disparus

LAROUSSE

Les animaux disparus

Après les dinosaures

Lorsque les dinosaures ont disparu les mammifères ont pu conquérir le monde. Certains ressemblaient déjà beaucoup aux espèces modernes.

Il y a 50 millions d'années, les **chauves-souris** insectivores étaient déjà nombreuses.

Le **nécrolémur** avait les yeus immenses, comme le tarsier actuel. Il chassait les insectes, la nuit.

Le **propaléothérium** est un cheval très primitif. Il n'était pas plus grand qu'un labrador.

Le **hyénodon** avait la taille d'un loup et de puissantes mâchoires.

Le **leptictidium** courait sur ses pattes arrière. Il fouillait le sol avec son long museau.

Il y a 50 millions d'années...

Le climat était chaud et humide en Europe. Les arbres tropicaux se mélangeaient à des plantes qui poussent encore aujourd'hui dans nos régions. Il y avait des crocodiles dans les lacs et beaucoup d'oiseaux, à la recherche de poissons, de tritons, de grenouilles, d'insectes... Les petits mammifères étaient nombreux : rongeurs, chauves-souris, hérissons primitifs ou opossums. Des herbivores à sabots de la famille des chevaux étaient la proie de carnivores primitifs, comme le hyénodon.

Il y avait déjà toutes sortes d'oiseaux. Les **messelornis** étaient des oiseaux échassiers des marécages.

L'**asiatosuchus** était un crocodile de 3 m de long.

Ce **scarabée** préhistorique, d'un beau vert doré, était presque identique à ceux d'aujourd'hui !

Qu'est-ce que le leptictidium mangeait ?
Ses dents ressemblent à celles du hérisson, qui se nourrit d'insectes et de serpents. On a aussi retrouvé dans quelques squelettes bien conservés des restes fossiles de nourriture : petits serpents, petits mammifères et gros insectes...

Comment connaît-on ces animaux qui vivaient il y a 50 millions d'années ?
On a découvert dans le sud de l'Allemagne un endroit, appelé Messel, où se sont accumulés les fossiles d'une quantité de plantes et d'animaux de cette époque. Certains fossiles sont si bien conservés que les empreintes du corps et des poils des animaux sont encore visibles !

Les ancêtres des éléphants

Les éléphants n'ont pas toujours été les imposants animaux que nous connaissons. Les tout premiers avaient à peine la taille d'un cochon !

Le **numidothérium** était l'un des premiers éléphants. Il ressemblait à un tapir.

Sans trompe

L'histoire des éléphants commence en Afrique du Nord, il y a 50 millions d'années. C'est là que vivait le numidothérium, l'un des premiers éléphants. Il n'était pas plus grand qu'un cochon, et ressemblait d'ailleurs plus à un tapir qu'à un éléphant ! Mais il possèdait déjà une courte trompe et ses incisives étaient développées en défenses. Il se nourrissait de plantes aquatiques dans les marécages, un peu comme un petit hippopotame.

Avec ses 4 défenses, le **gomphothérium** était un mastodonte typique.

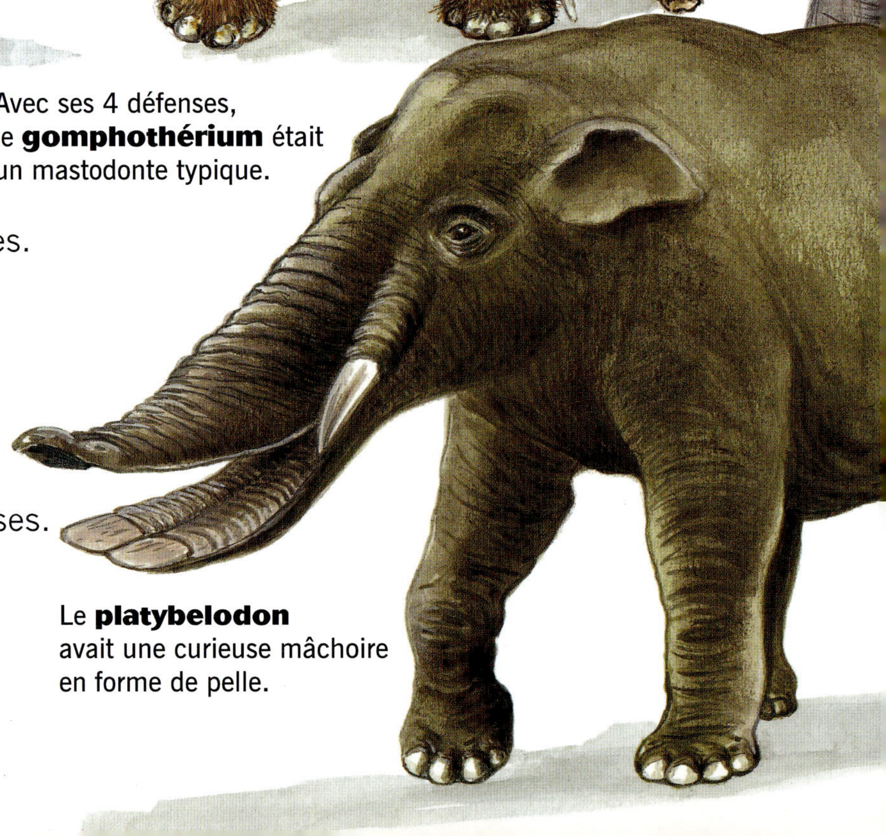

Le **platybelodon** avait une curieuse mâchoire en forme de pelle.

Pourquoi le platybelodon avai-t-il une tête aussi bizarre ?
On pense qu'il se servait de sa mâchoire inférieure, aux défenses plates et coupantes, comme d'une pelle, pour arracher des plantes aquatiques dans les marais.

Les éléphants préhistoriques étaient-ils encore plus grands que ceux d'aujourd'hui ?
Quelques-uns seulement étaient plus grands. On connaît une espèce qui était deux fois plus grosse qu'un éléphant actuel : plus de 5 m à l'épaule et plus de 15 tonnes.

L'**anancus** aux longues défenses bien droites vivait en France, il y a 2 millions d'années.

Le **stégodon** était aussi grand qu'un éléphant d'Afrique. C'est un des premiers vrais éléphants.

Une grande famille

Le groupe des éléphants était autrefois bien plus varié qu'aujourd'hui. Les mastodontes n'étaient pas très grands. Ils avaient une tête allongée, une trompe courte et épaisse, et quatre défenses. Les dinothériums n'avaient que deux courtes défenses inférieures dirigées vers le bas. Seuls les vrais éléphants (et leurs cousins les mammouths) ont une trompe allongée et souple et de longues défenses à la mâchoire supérieure.

Les premières baleines

Sur les côtes d'un ancien océan, dans une région qui est aujourd'hui le Pakistan, vivaient les très lointains ancêtres du dauphin et de la baleine : ils marchaient !

L'**ambulocetus** était une baleine de rivière. Avec son pelage en fourrure et ses pattes, il ressemblait à une grande loutre.

Une baleine à pattes

L'ambulocetus vivait il y a 50 millions d'années. Il avait un corps allongé (3 m) couvert de fourrure, de petites oreilles et des pattes palmées... Difficile d'y voir l'ancêtre de Flipper le dauphin ! L'ambulocetus était assez pataud sur la terre mais déjà très à l'aise dans l'eau. Il chassait des mammifères et des oiseaux dans les rivières, près de la mer.

La baleine de mer

5 millions d'années après l'ambulocetus, le rhodocetus mesurait 5 m. Il nageait dans la mer avec ses pattes en faisant onduler son corps long et souple. Ses oreilles externes ont disparu : il entendait les sons à travers les os de sa mâchoire, comme les vraies baleines. Le rhodocetus vivait en bord de mer et chassait à l'embouchure des rivières et près des côtes.

Que mangeait le basilosaurus ?
On pense que ce grand cétacé devaient chasser les poissons et les calmars en eaux profondes, comme les cachalots actuels.

Les dauphins sont-ils les descendants du basilosaurus ?
Pas tout à fait. Les dauphins, mais aussi les orques et les cachalots modernes, sont beaucoup plus jeunes.
Ils sont apparus il y a 10 à 15 millions d'années « seulement ».

Avec son corps long et mince et sa toute petite tête, le **basilosaurus** ressemblait à un serpent de mer. Grâce à sa grande nageoire caudale, c'était un puissant nageur de pleine mer.

Le **rhodocetus** n'avait plus de fourrure et ses pattes se sont transformées en nageoires, mais il n'avait pas encore de nageoire caudale.

Le premier géant des mers

Encore 5 millions d'années et voici le basilosaurus, la première baleine géante (15 à 21 m de long, 5 à 10 tonnes). Ses pattes arrière étaient si petites qu'elles ne dépassaient plus à l'extérieur de son corps (chez les baleines actuelles elles ont disparu). Le basilausorus a conservé à l'arrière des mâchoires les dents primitives à plusieurs pointes de ses ancêtres. On est encore loin des dents toutes simples et toutes semblables, en forme de cône, du dauphin ou de l'orque !

Chevaux et rhinocéros

Même si cela peut paraître surprenant, les chevaux et les rhinocéros sont cousins. Et leur ancêtre avait la taille d'un petit chien !

L'**éohippus** est le premier cheval. Il était tout petit. Il vivait dans la forêt. Il avait 4 doigts aux pattes avant et 3 aux pattes arrière.

Le **mésohippus** avait la taille d'un boxer. Il vivait dans la savane. Il avait 3 doigts, terminés par un petit sabot, à chaque patte.

L'histoire des chevaux

Il y a 50 millions d'années, un herbivore craintif, pas plus gros qu'un renard, se nourrissait de feuilles tendres dans les épaisses forêts d'Amérique du Nord. Le premier cheval : éohippus. Plus tard, quand les forêts ont été remplacées par des prairies, les dents des chevaux sont devenues plus robustes pour mâcher l'herbe qui est plus dure que les feuilles. Leurs pattes s'adaptèrent à la course : elles s'allongèrent et le nombre de doigts à chaque patte diminua : d'abord quatre, puis trois doigts et enfin un seul doigt, terminé par un large sabot : notre cheval !

Le **mérychippus** avait la taille d'un petit poney. C'est le premier brouteur d'herbe de prairie. De ses 3 doigts, seul celui du milieu touchait encore le sol.

Le **téléocéras** est un drôle de rhinocéros à courtes pattes.

Avec ou sans cornes

L'ancêtre des rhinocéros ressemblait beaucoup à celui des chevaux, l'éohippus. La plupart des rhinocéros du passé avaient des cornes sur le museau, comme ceux d'aujourd'hui. Toutefois le gigantesque indricothérium, n'en avait pas. Il faut dire, qu'il n'avait guère besoin de cornes pour se défendre !

L'**indricothérium** est le plus grand mammifère terrestre ayant jamais existé.

Le **brontothérium** est un parent éloigné du rhinocéros. Il mesurait 2,5 m à l'épaule.

Est-ce grâce à leurs sabots que les chevaux courent si vite ?
Oui, en partie. Les sabots permettent aux chevaux de courir vite sur des sols plutôt durs. Les chevaux se déplacent plus difficilement sur les terrains mous (comme les sols boueux ou couverts de neige) car leurs pieds s'enfoncent à chaque pas.

Pourquoi les forêts ont-elles été remplacées par des prairies ?
Le climat de la Terre a changé. Il est devenu plus frais et plus sec, ce qui a favorisé les graminées, les plantes qui forment l'herbe des prairies.

Les carnivores

Bien avant les tigres ou les ours, et tous les autres carnivores modernes, il existait déjà des mammifères prédateurs. Certains étaient vraiment énormes !

Le **sarkastodon**, une sorte de gros ours, avait des dents épaisses qui lui permettaient de manger aussi bien de la viande que des plantes.

Quelle mâchoire !

L'andrewsarchus (prononcer androuzarkus) vivait il y a 40 millions d'années en Asie. Son crâne, armé de crocs impressionnants, était deux fois plus long que celui des plus grands ours actuels ! Cet énorme animal n'était pas un vrai chasseur mais plutôt un charognard. D'ailleurs, il n'avait pas de griffes.

De vrais-faux carnivores

Pendant très longtemps, les seuls grands mammifères carnivores furent les Créodontes, aujourd'hui disparus. Ils étaient très variés : certains ressemblaient à des fouines, le hyénodon (p.10) à une hyène, le sarkastodon à un ours.

Le **miacis** n'était pas plus gros qu'une fouine. Il se nourrissait d'œufs et de petits animaux.

Les carnivores modernes

Il y a 55 millions d'années, le miacis était un petit carnassier insignifiant. Il y a 35 millions d'années, les descendants du miacis ont commencé à remplacer les Créodontes, car ils sont devenus des prédateurs plus efficaces et plus intelligents. Les derniers Créodontes ont disparu il y a 8 millions d'années. Si bien que tous les carnivores d'aujourd'hui sont les descendants lointains du miacis.

Comment fait-on la différence entre un Créodonte et un Carnivore ?
Leurs grosses dents tranchantes qui servent à découper la viande, les dents carnassières, sont différentes. De plus les Créodontes avaient une plus petite cervelle : cela se voit à la forme de leur crâne !

Pourquoi dit-on que les Créodontes sont de « vrais-faux carnivores » ?
Les Créodontes sont des carnivores dans le sens où ils tuent des proies et les mangent. Mais ce ne sont pas des Carnivores (avec une majuscule), car ils n'appartiennent pas au même groupe que celui qui réunit les mammifères prédateurs actuels, comme les ratons-laveurs, les belettes, les mangoustes, les chiens, les loups, les ours, mais aussi les phoques et les otaries.

Les énormes **andrewsarchus** se nourrissaient de carcasses. Ils n'avaient pas de griffes mais des sortes de sabots pointus.

Chiens-ours et félins féroce

Dans la préhistoire, il y a eu des chiens qui ressemblaient à des ours et de grands félins aux longues dents aiguisées comme des poignards.

L'**amphicyon** marchait comme un ours, en posant le pied complètement sur le sol et pas seulement les doigts comme le chat ou le chien.

Entre l'ours et le loup

Avant les premiers chiens, loups et autres renards, vivait un groupe d'animaux curieux qui ressemblaient à la fois aux chiens et aux ours : les amphicyons. Comme les ours, ils avaient un corps massif, un cou épais et une taille imposante (2 à 3 m de long ; 300 kg). En revanche, leur crâne allongé, leurs dents acérées et leur queue touffue ressemblaient davantage à ceux d'un loup. Les amphicyons vivaient comme les ours bruns actuels. Ils se nourrissaient d'une grande variété d'animaux et de plantes et assommaient leurs proies avec leurs puissantes pattes avant.

Les **mégantéréons** chassaient en groupes, comme les lionnes. Mais ils attaquaient leurs victimes par surprise, comme les tigres. Ils bondissaient sur leur proie et lui déchiraient la gorge avec leurs dents.

Est-ce qu'il y a eu beaucoup de félins à dents de sabre ?
Oui. Et le mégantéréon était le plus répandu. On a retrouvé ses restes en France, en Afrique du Sud, en Inde, et aux États Unis.

Comment arrivaient-ils à planter leurs dents ?
Leurs mâchoires étaient très souples. Ils pouvaient l'ouvrir beaucoup plus largement que le tigre actuel, de manière à bien dégager les canines.

Terribles dents de sabre

Les crocs du lion et du tigre sont impressionnants, mais ils font figure d'inoffensives quenottes si on les compare à ceux des félins « à dents de sabre », aujourd'hui disparus. De nombreux grands fauves du passé arboraient en effet des dents longues et aplaties, recourbées vers l'arrière comme la lame d'un poignard. La plupart de ces félins n'étaient pas très grands, ils ne dépassaient pas la taille d'un puma ou d'un léopard, mais c'étaient de redoutables chasseurs.

Le **mégantéréon** avait la taille d'une panthère mais sa queue était beaucoup plus courte.

Les singes

Les lémuriens et les singes sont des primates. Leur histoire est très ancienne : les premiers primates sont apparus peu après la fin des dinosaures.

Le **dryopithèque**, un cousin éloigné du chimpanzé et de l'homme, se déplaçait aussi bien au sol que dans les arbres.

Le **plésiadapis** ressemblait déjà aux lémuriens actuels, comme le maki de Madagascar.

Plésiadapis, le premier primate

Le plésiadapis est l'un des plus anciens primates. Il vivait en Europe et en Amérique du Nord, il y a 57 millions d'années. Il grimpait avec agilité dans les arbres, grâce à ses pattes griffues, en s'équilibrant avec sa longue queue. Mais ses dents n'étaient pas encore celles d'un vrai singe : elles ressemblaient plus à celles d'un écureuil.

Petits Singes et Grands Singes

Les vrais singes sont apparus il y a 45 millions d'années. Ils se distinguent des autres primates par leurs griffes transformées en ongles aplatis. Mais c'est surtout à leur intelligence qu'ils doivent leur succès. En Amérique, ils sont restés petits et ont donné le ouistiti, le tamarin et le singe hurleur. En Afrique et en Asie, ils ont évolué pour donner les Petits Singes, ancêtres du babouin et du macaque, et les Grands Singes, qui comprennent le chimpanzé, le gorille, l'orang-outang et... l'homme !

Est-ce que l'homme a toujours été le seul à marcher debout ?
Oui.
Certains singes anciens savaient peut-être se déplacer sur deux pieds pendant quelques mètres, comme le font les chimpanzés. Mais la véritable marche debout est vraiment une «spécialité» de l'homme et de ses ancêtres.

Est-ce que l'homme est vraiment un singe ?
Bien sûr ! Les chimpanzés sont même des cousins très très proches de l'homme. Mais nous avons un plus gros cerveau, nous parlons et nous pensons... et cela fait toute la différence !

Le petit **branisella** (40 cm) vivait en groupes dans les arbres. se nourrissant de feuilles et de fruits. Il utilisait sa queue musclée pour se suspendre aux branches, comme le font les atèles, les singes-araignées d'Amérique du Sud.

Étranges bêtes à cornes

Les mammifères à sabots, les cerfs, les bisons, les girafes ont souvent des cornes sur la tête. Mais certains de leurs ancêtres disparus avaient des cornes vraiment bizarres.

Le **synthétocéras** appartient à une famille disparue de mammifères à sabots qui broutaient l'herbe des prairies d'Amérique du Nord, il y a 5 millions d'années.

L'énorme **sivathérium** (2,20 m de hauteur à l'épaule) ressemblait un peu à l'élan actuel. Mais c'est en fait un cousin de la girafe. Il avait un corps massif, un cou trapu et des cornes larges et aplaties. Il portait en plus deux petites cornes devant chaque œil.

Le synthétocéras avait la taille et l'allure d'une antilope, mais il s'en distinguait par les curieuses **cornes** que portaient les mâles : une paire de cornes pointues sur la tête et une corne fourchue sur le museau.

Le **prolibythérium** avait de grandes cornes en forme de pelle. C'est un très ancien cousin des girafes et des okapis.

Le crâne du **ramocéros** était surmonté de deux cornes plates en forme de rateau.

L'**eucladocéros** est un très grand cerf. Il possédait des bois magnifiques (son nom veut dire « cornes très ramifiées »), munis chacun d'une douzaine d'andouillers. Il vivait en Europe, il y a 1,5 million d'années.

L'**hoplitoméryx** est un cousin du chevrotain. Il avait six cornes, mais c'est surtout avec ses crocs qu'il se défendait.

Procraniocéras avait sur le front une paire de cornes droites terminées par deux pointes. Une troisième corne très épaisse partait vers l'arrière, entre les oreilles.

Les cornes sont-elles toujours faites de la même matière ?

Non. Les cornes du bœuf sont formées d'os recouvert d'un étui creux constitué d'une substance dure (la corne), alors que celles des girafes et du sivathérium, et peut-être aussi celles du synthétocéras, sont formées d'os recouvert de peau.

Pourquoi les cornes des cerfs sont-elles appelées des bois ?

Les bois des cerfs ressemblent un peu à des branches. Ce sont des cornes en os qui tombent chaque année et repoussent l'année suivante. Souvent, seuls les mâles portent des bois.

Des animaux incroyables

Ces étranges mammifères ont peu de chances de gagner un concours de beauté, mais ils sont sûrement parmi les animaux les plus bizarres créés par la Nature !

Le **chalicothère** semble être un collage de plusieurs animaux. Il a disparu il y a 2 millions d'années.

Un cheval-gorille avec des griffes

Le chalicothère ressemble à un animal imaginaire : une tête allongée de cheval ou de chameau, des bras musclés de gorille, des griffes de tatou, un arrière-train plus bas que les épaules, comme les hyènes ou les girafes... Pourtant, les chalicothères ont bien existé ! Ces gros animaux (3 m de long) étaient même répandus : on a retrouvé des fossiles de chalicothères partout, en Europe, en Afrique, en Amérique et en Asie.

Le macrauchénia se servait-il de sa trompe comme les éléphants ?
Oui, il s'en servait pour cueillir des feuilles dans les arbres. Mais il pouvait aussi brouter l'herbe de la prairie, ce que les éléphants ne font pas.

A quoi servaient les énormes griffes du chalicothère ?
Le chalicothère était herbivore. Donc, il utilisait peut-être ses griffes pour déterrer des racines.

Macrauchénia avait à peu près la taille d'un chameau. Ce curieux animal était herbivore et vivait en troupeau.

Un chameau à trompe

Le macrauchénia vivait en Amérique du Sud, il y a 1 million d'années. Son allure était celle d'un chameau qui aurait échangé ses deux bosses contre une trompe d'éléphant et un long cou de girafe. Pour faire bonne mesure, ses pieds à trois orteils munis d'un sabot ressemblaient beaucoup à ceux d'un rhinocéros !

Le **paléoparadoxia**, aux allures d'hippopotame raté avec ses pattes en-dedans, broutait peut-être les herbes aquatiques au bord des mers chaudes.

Un drôle d'hippopotame

Le paléoparadoxia est un animal qui vivait en bord de mer, sur les côtes du Japon. Avec son corps en forme de barrique et ses pattes épaisses, il était bâti comme un hippopotame, mais sa tête était minuscule. Ses dents de devant étaient transformées en courtes défenses mais celles du fond étaient larges et plates comme des galets. En plus, ses pattes avant étaient comme tordues, avec les doigts dirigés vers le dessous du corps !

En Afrique

Il y a 2 millions d'années, l'Afrique était la terre des australopithèques. Ils côtoyaient les ancêtres d'animaux qu'on trouve encore aujourd'hui dans la savane.

Des troupeaux d'**hipparions** parcouraient la savane.

Les **australopithèques**, les cousins des tout premiers hommes, étaient des proies faciles pour les **dinofélis**.

Des temps difficiles

Pour les australopithèques, la vie était très difficile. Souvent, ils dormaient dans les arbres pour se protéger des grands fauves. Le dinofélis, un félin aux immenses canines, était particulièrement redoutable. Les australopithèques (et les tout premiers hommes qui existaient déjà) n'étaient que des proies parmi d'autres pour tous les grands prédateurs !

Comment sait-on que le dinothérium avait une trompe ?
Chez les animaux qui ont une trompe, le trou du crâne correspondant aux narines est très large et situé très haut entre les deux orbites (les trous pour les yeux). C'est justement le cas du dinothérium.

Et pour les oreilles ?
Là, en revanche, il est impossible de connaître la taille des oreilles à partir du crâne. Donc, on se contente d'imaginer quelle serait la forme et la taille la plus correcte pour les oreilles, sans en être vraiment sûr.

Le **dinothérium** avait la taille d'un éléphant. C'était le plus gros animal de la savane.

Cet animal ressemblant à un élan était un **sivathérium** (voir p.24).

La savane préhistorique

Aux temps préhistoriques, une grande savane s'étendait, comme aujourd'hui, sur l'est de l'Afrique. À la place des zèbres, il y avait des troupeaux de chevaux primitifs à trois doigts, les hipparions. On trouvait aussi le dinothérium, un curieux parent de l'éléphant, avec deux courtes défenses vers le bas, et le sivathérium, un cousin des girafes ressemblant à un élan..

En Europe

Il y a 120 000 ans, l'Europe était beaucoup plus chaude qu'aujourd'hui. On trouvait des éléphants, des hippopotames, des singes et des grands félins... jusqu'au sud de l'Angleterre !

Les **éléphants antiques** étaient très grands (4,5 m) et leurs défenses étaient droites.

Les **hippopotames** étaient très semblables à ceux qui vivent aujourd'hui en Afrique.

Des hippopotames à Londres

Le climat étant exceptionnellement chaud, les paysages de France et d'Angleterre devaient ressembler à ceux du Kenya et de la Tanzanie aujourd'hui, en plus humides !
Imaginez : des hippopotames barbotant au milieu des crocodiles dans la Tamise, le grand fleuve qui traverse Londres, et des troupeaux d'éléphants antiques près des zones boisées.

Pourquoi faisait-il si chaud en Europe ?
Depuis un million d'années, l'Europe a connu une suite de réchauffements et de refroidissements. Il y a 11 000 ans, nous sommes entrés dans une période chaude.

C'est pourquoi la France est aujourd'hui un pays tempéré. Mais rien de comparable avec la période chaude précédente, il y a 75 000 à 150 000 ans. La France avait alors un climat tropical !

Les **chasseurs de Neandertal** n'hésitaient pas à s'attaquer aux gros animaux.

Le **rhinocéros étrusque** était un ancêtre du rhinocéros de Sumatra actuel.

De grands **crocodiles** (5 à 6 m de long) attendaient qu'une proie passe à leur portée.

Les chasseurs de Neandertal

Les premiers hommes de Neandertal, les hommes préhistoriques qui vivaient en Europe à cette époque, étaient plutôt chanceux, car la nourriture était abondante et variée (fruits, graines, gibier). Bien sûr, certaines grosses proies, comme le rhinocéros étrusque, pouvaient être dangereuses. Et de puissants félins à dents de sabre, les homothériums, pouvaient toujours surprendre les chasseurs imprudents dans les fourrés.

En Australie

Il y a 60 000 ans, l'Australie était peuplée d'étranges marsupiaux, de gros oiseaux incapables de voler et d'énormes lézards. Il y a 20 000 ans, la plupart avaient disparu !

Le **mégalania** est le plus grand lézard qui ait jamais existé (6 à 7 m). C'était un terrible prédateur. Il s'attaquait aux **oiseaux-tonnerres**, des oiseaux géants (3 m, 300 kg) incapables de voler.

Des marsupiaux géants

Avec ses kangourous, ses ornithorynques et ses koalas, l'Australie possède quelques uns des mammifères les plus bizarres de la planète. La plupart sont des marsupiaux, des animaux qui gardent leurs bébés dans une poche. Mais, il y a 60 000 ans, les marsupiaux d'Australie étaient beaucoup plus variés et surtout beaucoup plus grands que ceux d'aujourd'hui.

L'**échidné géant** avait la taille d'un gros mouton, alors que l'échidné actuel a la taille d'un caniche.

Le mégalania est-il une sorte de crocodile ?
Non, le mégalania était un énorme lézard du groupe des varans.
Les varans sont de très gros lézards, pas des crocodiles. Les varans et les crocodiles sont des reptiles très différents, même s'ils se ressemblent un peu. Il existe des crocodiles actuels de la taille du mégalania, mais aucun lézard n'a cette taille : le plus gros lézard actuel est le varan de Komodo qui mesure seulement 3 m de long !

Le diprotodon avait-il une poche, malgré sa taille ?
Bien sûr ! Comme les mères kangourous, la femelle du diprotodon gardait son petit dans une poche de peau située sous son ventre, jusqu'à ce qu'il soit assez grand pour se débrouiller tout seul.

Les **diprotodons**, de gigantesques herbivores de la taille d'un rhinocéros, étaient des marsupiaux.

Le **thylacoléo**, sorte de fauve marsupial de la taille d'un puma, chassait des **kangourous** de 3 m de haut.

La fin d'une époque

Il y a 40 000 ans, les grands animaux d'Australie ont commencé à devenir plus rares. Il y a 15 000 ans, il ne restait plus que des marsupiaux de petite taille, ceux qui existent encore aujourd'hui. Tous les gros avaient disparu. Or, c'est justement pendant cette période que des hommes sont arrivés pour la première fois en Australie... Ont-ils chassé tous les grands animaux jusqu'à les faire disparaître ? C'est très possible.

En Amérique du Nord

Il y a 40 000 ans, il faisait très froid en Amérique. La glace recouvrait une partie du Canada. Plus au sud, s'étendaient de vastes prairies et des forêts de sapins.

Les **smilodons** du Nord avaient un pelage très épais.

Le **mammouth laineux** restait toute l'année dans le Nord.

A l'approche de l'hiver, les **bisons à front large** repartaient vers le sud où le climat était moins rude.

Le **mastodonte américain** ressemblait au mammouth mais son corps était plus allongé.

Épaisses fourrures

Le mastodonte américain et le mammouth laineux, les deux cousins poilus des éléphants pouvaient survivre aux grands froids de l'hiver grâce à leur épaisse fourrure. Durant le court été, d'immenses troupeaux de grands bisons à front large les rejoignaient. Ce qui faisait l'affaire des smilodons !

Tous piégés !

Mais en Californie, là où se trouve aujourd'hui Los Angeles, il existait à cette époque un piège mortel : des mares de bitume mélangé à de l'eau s'étendaient au ras du sol. Quand les gros herbivores, comme les mammouths impériaux, s'approchaient pour boire, ils s'enfonçaient dans le bitume gluant et se noyaient. Attirés par le festin, les carnivores s'approchaient...et s'engluaient à leur tour !

Est-ce que les mammouths du Nord et ceux du Sud ont pu se rencontrer ?
Cela a dû certainement arriver de temps en temps.
Mais ils appartenaient à deux espèces différentes : ils ne se mélangeaient pas.

Comment se forme une mare de bitume ?
La plupart du temps, le bitume se forme dans des roches à très grande profondeur. Mais il peut arriver (c'est très rare) qu'il s'écoule naturellement à la surface du sol. Dans ce cas, il se forme une espèce de marécage où le bitume remplace l'eau par endroit. Terriblement dangereux pour les animaux !

Les **tératornis** étaient de très grands vautours préhistoriques (5 m d'envergure).

Les **smilodons** du Sud avaient un pelage moins fourni et plus coloré.

Un **loup géant**

Un **mammouth impérial**

Animaux du froid

Il y a 20 000 ans, l'Europe a connu l'une des périodes les plus froides de son histoire. La plupart des grands animaux qui vivaient à cette époque n'existent plus.

Les bois du mâle **mégacéros**, un cerf géant, tombaient à la fin de l'hiver et repoussaient encore plus beaux au printemps suivant.

Mais s'il s'aventurait dans les arbres, ses **bois** s'accrochaient aux branches et il devenait une proie facile pour les prédateurs.

Froid sur l'Europe

Le midi de la France ressemblait à la Sibérie. En hiver, la température descendait à –30° ! Dans ces paysages glacés, vivaient des animaux que l'on trouve aujourd'hui bien plus au nord : des rennes, des bœufs musqués, des renards polaires... Mais le mammouth, le cerf géant ou l'ours des cavernes ont définitivement disparu.

Quand le mégacéros a-t-il disparu ?
La plupart des mégacéros se sont éteints il y a 11 000 ans environ, mais on pense que les derniers ont disparu il y a 2 500 ans.

Pourquoi y a-t-il encore des rennes ?
Les rennes vivent aujourd'hui dans le Grand Nord. La nourriture est plus rare qu'il y a 20 000 ans, mais ils s'en contentent. Les mégacéros avaient besoin d'une nourriture plus riche, surtout les mâles qui devaient fabriquer de nouveaux bois tous les ans. Les bois du renne sont beaucoup plus petits et ils ne tombent jamais : donc, pas de gaspillage !

L'ours des cavernes passait l'hiver en hibernation, bien à l'abri dans une grotte.

Animaux des cavernes

Pour se protéger du froid quand ils ne chassaient pas, les grands prédateurs s'abritaient très souvent dans des grottes. On trouve ainsi des hyènes des cavernes, des lions des cavernes et des ours des cavernes. Tous sont des cousins préhistoriques, de très grande taille, de l'hyène, du lion et de l'ours brun actuels. Les grottes étaient aussi très recherchées par les hommes, qui devaient parfois déloger par la force le précédent locataire avant de s'y installer !

La steppe des mammouths

Une immense étendue d'herbe presque sans arbres, balayée par des vents glacés et souvent couverte de neige… Voici le royaume des mammouths, il y a 20 000 ans.

Comme les éléphants, les **mammouths** se déplaçaient en troupeaux, conduits par une femelle âgée.

Les **chasseurs de mammouths** suivaient leur gibier préféré dans ses migrations.

Un hiver long et glacé

Le mammouth laineux est le dernier et le plus célèbre des mammouths. Les hommes préhistoriques l'ont dessiné sur les murs des cavernes.
Les mammouths vivaient dans la steppe froide qui s'étendait, il y a 20 000 ans, de l'Angleterre jusqu'au bout de la Sibérie, et se prolongeait ensuite sur une partie de l'Amérique du Nord ! Recouvert de neige durant l'interminable hiver, cet immense territoire (50 fois la France !) se couvrait de petits lacs, d'herbe grasse et de fleurs durant le court été.

Compagnons du froid

Le mammouth laineux était très bien adapté au froid : son corps était recouvert par une toison de longs poils bruns. Une épaisse couche de graisse sous la peau servait à la fois d'isolant contre le froid et de réserve d'énergie durant les rudes mois d'hiver. Compagnon favori du mammouth, le rhinocéros laineux était lui aussi couvert d'une épaisse fourrure. Mammouths et rhinocéros étaient de grands marcheurs : ils parcouraient des centaines de kilomètres pour trouver leur nourriture.

Même si c'était un animal plutôt solitaire, le **rhinocéros laineux** broutait souvent près des troupeaux de mammouths.

Est-il vrai qu'on a retrouvé des mammouths congelés ?
C'est vrai ! Dans quelques régions de la Sibérie, le sol est resté gelé depuis l'époque des mammouths, il y a des dizaines de milliers d'années. Les carcasses ont donc été conservées sans jamais pourrir, comme dans un congélateur !

Tous les mammouths avaient-ils de longs poils ?
Non. Seul le mammouth laineux (qui a vécu il y a 10 000 à 80 000 ans) avait une épaisse fourrure. Les mammouths plus anciens ont vécu sous un climat plus chaud. Ils n'avaient donc certainement pas de poils aussi longs ni aussi fournis.

Pourquoi ont-ils disparus ?
Il y a 10 000 ans, le climat s'est beaucoup réchauffé, et la grande steppe froide s'est réduite petit à petit. Les mammouths qui ne trouvaient plus assez de nourriture sont devenus de plus en plus rares. Mais les hommes préhistoriques ont continué à les chasser... jusqu'à ce qu'il n'en reste plus.

En Amérique du Sud

Il y a 12 000 ans en Amérique du Sud, les paresseux étaient grands comme des éléphants et les tatous avaient la taille d'une camionnette ! Comme tant d'autres animaux géants, ils ont disparu...

Le **mégathérium** se nourrissait de feuilles de bouleaux, de pins et de genévriers.

Des paresseux géants

Le paresseux actuel se déplace très lentement dans les arbres, suspendu par ses longues griffes recourbées. Mais il y a 12 000 ans, un monstrueux cousin du paresseux, le mégathérium, vivait encore. Il mesurait 6 m de long. Son poids (plus de 3 tonnes !) l'empêchait bien sûr de grimper aux arbres. Pour attraper les feuilles, il lui suffisait de se dresser sur ses pattes postérieures en prenant appui sur sa queue épaisse. Il n'avait plus qu'à peser de tout son poids pour courber les branches usqu'à sa bouche !

Un vrai char d'assaut !

Encore plus impressionnants, les glyptodontes, apparentés aux tatous, ressemblaient à des chars d'assaut. Ces paisibles herbivores, gros comme une petite voiture, portaient une lourde carapace rigide, très épaisse et très dure, en forme de dôme. La queue de certains glyptodontes se terminait par une lourde massue osseuse, couverte de pointes. Avec un tel blindage, ces étranges animaux ne risquaient pas grand chose !

Les glyptodontes avaient-ils des ennemis ?
Aucun prédateur de la région n'était assez grand ni assez puissant pour s'attaquer à un tel monstre. Aucun prédateur, sauf peut-être l'homme !

Les hommes ont-ils chassé des glyptodontes ?
Difficile à dire. On sait que des hommes sont arrivés dans cette région il y a 12 500 ans. Et les glyptodontes et les mégathériums ont disparu peu de temps après...

Le **glyptodonte** a disparu il y a 10 000 ans. Des Indiens ont parfois utilisé sa carapace comme maison.

Le massacre des bisons

D'immenses troupeaux de bisons parcouraient jadis les grandes plaines du centre des États-Unis. Ils ont été massacrés en quelques dizaines d'années seulement et ils ont même failli disparaître !

Le bison était vénéré comme un dieu par les **Indiens** des plaines, car il leur apportait tout ce dont ils avaient besoin.

D'immenses troupeaux de **bisons** parcouraient chaque printemps la grande prairie.

Le paradis des Indiens

Il y a seulement 300 ans, des dizaines de millions de bisons se regroupaient chaque année pour effectuer une longue migration à travers les grandes plaines. La prairie était littéralement couverte de dos noirs jusqu'à l'horizon, et le bruit de millions de sabots frappant le sol résonnait comme le tonnerre.

Que faisaient les chasseurs blancs avec les bisons tués ?
Rien ! On ne prélevait souvent que la langue et la peau, et on laissait le reste pourrir au soleil !
Quand il ne restait plus que les squelettes, on les ramassait et on en faisait des engrais pour les fermiers.
Un incroyable gaspillage !

Est-ce que c'était difficile de chasser le bison ?
Très facile au contraire, avec un bon fusil. Un célèbre chasseur, William Cody, surnommé « Buffalo Bill » a même réussi à en tuer 4 280 à lui tout seul en un an et demi ! Car lorsqu'un bison est abattu, les autres ne s'enfuient pas. Ils restent à brouter tranquillement près du cadavre !

Pour affamer les Indiens

À partir de 1830, les hommes blancs décidèrent d'exterminer les bisons pour priver les Indiens de nourriture. Puis, en 1865, on construisit une voie de chemin de fer à travers les États-Unis.
Pour nourrir les ouvriers, on tua encore plus de bisons. Après ces massacres, il ne restait plus que 835 pauvres bêtes. Et beaucoup d'Indiens étaient morts de faim.

Les **fusils** des blancs étaient bien plus dangereux pour les bisons que les flèches des Indiens.

Sauvés de justesse !

Heureusement, les derniers bisons furent sauvés juste à temps. On créa des réserves pour qu'ils puissent vivre en paix et se reproduire. Aujourd'hui, il y a environ 30 000 bisons sauvages. Même s'ils ne peuvent plus parcourir les vastes plaines, comme leurs ancêtres, au moins ils sont vivants !

Oiseaux des îles

Chaque fois que les hommes ont débarqué sur une île inconnue, les ennuis ont commencé pour les animaux sauvages. Beaucoup d'oiseaux ont ainsi disparu pour toujours...

Impossible de fuir !

Comme une île est entourée par la mer, les animaux sont faciles à trouver et à chasser : ils ne peuvent pas s'enfuir en quittant leur île. Or, on trouve sur certaines îles des espèces d'animaux, notamment des oiseaux, qui ne vivent nulle part ailleurs. Si les hommes les chassent trop, l'espèce peut disparaître.

Le **grand moa** de Nouvelle-Zélande était un oiseau gigantesque, proche de l'autruche.

Le **dodo** ne pouvait pas voler car il était très gras et avait des ailes minuscules.

Pauvre dodo !

Sur l'île Maurice, dans l'Océan Indien, vivait un drôle d'oiseau de la taille d'un dindon : le dodo. Cet oiseau au bec énorme et au corps bien dodu, était incapable de voler. C'est ce qui a causé sa perte. Très paisible et pas craintif, il ne s'enfuyait pas quand on s'approchait. Un chasseur pouvait donc le tuer simplement à coups de pierre ou de bâton ! Les hommes en ont trop profité. Et, depuis 1680, personne n'a plus jamais revu de dodo vivant !

A-t-on une chance de retrouver un jour un dodo ?
Non, malheureusement. Comme l'île Maurice n'est pas très grande, il n'y a aucune chance que le dodo ait pu survivre sans qu'on s'en soit aperçu.

Quel est le plus grand oiseau : l'autruche ou le moa ?
Le moa, sans hésiter ! Une grande autruche mâle mesure 2,50 m de haut et pèse 140 kg. Mais un moa pouvait dépasser 3,50 m et peser 230 kg !

Est-ce que le grand moa est le plus gros oiseau de tous les temps ?
Le plus haut, sans doute, mais pas le plus gros. L'oiseau-éléphant de Madagascar, disparu lui aussi, mesurait « seulement » 3 m de haut, mais il pesait 450 kg !

Le grand moa a été trop chassé par les **premiers habitants** de Nouvelle-Zélande.

La fin du grand moa

Il y a 1000 ans, des hommes, venus de Polynésie en pirogue, se sont installés en Nouvelle-Zélande, une grande île proche de l'Australie. Ils ont chassé les moas pour leur viande et leurs énormes œufs. Lorsque les Européens débarquèrent en Nouvelle-Zélande, vers 1700, on leur parla d'un oiseau géant. Mais il n'y en avait déjà plus.

La chasse en Afrique

En Afrique, on a encore la chance de voir beaucoup de grands animaux sauvages, comme le lion, le rhinocéros ou l'éléphant. Mais ces magnifiques animaux sont eux aussi menacés.

Pour le plaisir et la gloire !

Il n'y a pas si longtemps, on trouvait des lions dans toute l'Afrique. Petit à petit, les hommes les ont éliminés parce qu'ils représentaient un danger pour eux et leurs troupeaux. Puis des chasseurs venus d'Europe ont inventé un nouveau passe-temps. Ils ont ainsi abattu des milliers de lions pour le plaisir et les trophées ! Aujourd'hui, le lion n'est pas encore vraiment menacé. Mais pour combien de temps ?

Les guerriers **Massaï** chassaient le lion à la lance. Les **chasseurs** tuaient les lions pour avoir des trophées !

Tué pour sa corne

Les rhinocéros africains sont chassés sans répit par des braconniers qui convoitent leurs cornes. Et leur nombre diminue constamment. Les derniers rhinocéros vivent pourtant dans des réserves où ils sont protégés par des gardes armés. Mais les braconniers s'introduisent la nuit dans les parcs...

Il ne reste plus que quelques milliers de rhinocéros et les **braconniers** continuent de les tuer.

On voit très souvent des lions à la télé. Est-ce qu'il y en a encore beaucoup ?
Pas tant que cela ! Presque tous les films sur les lions que l'on voit à la télévision sont tournés en Tanzanie, au Kenya ou au Botswana, des pays où l'on trouve encore beaucoup de lions car ils sont protégés dans des réserves. Partout ailleurs, ils sont devenus rares.

Pourquoi les braconniers veulent-ils récupérer la corne des rhinocéros ?
Parce qu'ils sont pauvres et que la corne vaut très cher. Les cornes sont très recherchées par les Chinois qui croient que la poudre de corne de rhinocéros est un médicament miraculeux... mais ils se trompent ! De toute façon, même si c'était vrai, cela ne serait pas du tout une excuse pour tuer les derniers rhinocéros !

Les forêts d'Asie

En Asie, deux grands dangers menacent les animaux : la chasse et la destruction des forêts où ils vivent.

Dans les forêts où vivent les **orangs-outangs**, on coupe tellement d'arbres qu'ils n'ont plus de place pour vivre et élever leurs petits.

L'orang-outang sans-abri

L'orang-outang est le deuxième plus grand singe du monde, après le gorille. On le trouve dans les épaisses forêts tropicales de Sumatra et de Bornéo. C'est un animal très doux et paisible qui se nourrit de feuilles et de fruits dans les arbres. L'orang-outang est en grand danger car on détruit peu à peu ses forêts. Dans 15 ans, la forêt tropicale de Bornéo aura disparu et tous les orangs-outangs avec elle.

Le **tigre** est le plus grand des félins. Il en reste 6 000.

Plus de bambous pour le panda

Les Chinois appellent « ours-chat » ce gros nounours noir et blanc qui habite les forêts de bambous du sud de la Chine. Le panda ne mange que des pousses de bambous, mais en énormes quantités. Il est devenu très rare depuis que les forêts de bambous sont remplacées par des champs cultivés.

Le **panda** est l'un des 30 mammifères les plus rares du monde. Il en reste 1 000.

Pourquoi coupe-t-on les forêts ?
On détruit les forêts tropicales d'Asie et d'Amérique du sud pour obtenir du bois précieux, qui sert à fabriquer de beaux meubles vendus dans les pays riches, mais aussi pour mettre les terres en culture.

Pourquoi pense-t-on que le tigre peut soigner des maladies ?
En Chine, on fait des médicaments avec toutes sortes d'animaux sauvages : ours, rhinocéros, tigre, cerf, tortue, serpent... Certains croient que si on boit du sang de tortue, on vivra plus vieux (car la tortue vit longtemps) et que si l'on mange du tigre, on deviendra fort et vigoureux (comme le tigre !)

Menaces sur le tigre

Le tigre était autrefois très répandu, mais aujourd'hui, il n'en reste presque plus. Car on trouve toujours de bonnes raisons pour le tuer : il menace les troupeaux, il attaque parfois des hommes, sa peau est magnifique... Mais, surtout, on le tue pour une étrange raison : en Asie, on pense que les os, le cœur, la viande et toutes les autres parties du tigre peuvent soigner des maladies !

Ceux qui font peur

L'Homme a toujours détesté les prédateurs. Il n'aime pas avoir peur. Alors il fait place nette. En Europe, les grands carnivores sont devenus rares !

Des concurrents gênants ?

L'Homme n'aime pas du tout la concurrence. Le pêcheur trouve que la loutre mange « ses » poissons, le chasseur considère que le lynx lui prend « ses » oiseaux et que le loup lui vole « ses » chamois. Bref : l'Homme pense que tout le gibier lui appartient. Alors, il se débarrasse de tous ceux qui le gênent. En France, le loup et le lynx ont été exterminés, la loutre et l'aigle sont menacés et il ne reste plus que 6 ours !

Quelques **loups** sont revenus dans les montagnes françaises. Mais les bergers et les chasseurs les accusent d'attaquer les troupeaux.

Peur du loup

L'homme a tellement peur du loup qu'il l'a toujours pourchassé. Le dernier loup français a été tué en 1942. Mais voilà que des loups italiens s'installent à nouveau dans les Alpes ! Une très bonne nouvelle, sauf pour certains éleveurs de moutons et les chasseurs de chamois et de mouflons qui ont décidé d'avoir sa peau. À peine de retour et bien qu'il soit strictement protégé, le loup est à nouveau tué à coups de fusil ou empoisonné !

Comme le loup, l'**aigle** a longtemps été persécuté et il est devenu très rare dans les montagnes d'Europe.

L'aigle en danger

Entre 1850 et 1900, des millions de rapaces, aigles, buses ou faucons, ont été massacrés en Europe. On leur reprochait de tuer les agneaux et les poules ou le gibier préféré des chasseurs (canards sauvages, perdrix, lapins...). Maintenant, les aigles sont protégés. Mais beaucoup meurent accidentellement, empoisonnés par les produits chimiques répandus dans les champs ou électrocutés par les lignes électriques.

Faut-il avoir peur des loups ?
Le loup n'est pas dangereux : il a peur des hommes. Mais c'est vrai qu'il attaque les moutons en montagne. Depuis que les loups sont de retour en France (il y en a 25 environ), ils ont tué plusieurs milliers de moutons. Même si les bergers sont remboursés quand ils perdent un mouton, c'est quand même une grande perte pour eux.

L'aigle peut-il attaquer l'homme ?
Non, bien sûr. Et pourtant, on a longtemps pensé que les aigles emportaient les jeunes enfants... Ce sont des légendes ridicules ! L'aigle vit en montagne; il chasse les animaux des champs : lièvres, marmottes, petits rongeurs.

Les aiglons sont nourris pendant 2 mois par leurs parents puis ils doivent se débrouiller tout seuls.

Baleines en danger !

Dans les océans aussi, les animaux sont menacés par l'Homme, à cause de la pollution et de la pêche. Les baleines doivent être protégées.

La chasse à la baleine

Cela fait plus de 1 000 ans que des hommes chassent les baleines. La chasse à la baleine est longtemps restée très dangereuse pour les marins : ils devaient s'approcher tout près des baleines, à la rame, à bord de petites barques, pour qu'un des hommes placés à l'avant puisse envoyer de toutes ses forces un lourd harpon relié à une corde.

Depuis l'invention du canon **lance-harpon**, la chasse à la baleine n'est plus dangereuse et les baleines ont été tuées par millions.

Un véritable carnage

Le canon lance-harpon est une arme terrible : pendant un siècle, les baleines ont été traquées sans pitié sur toutes les mers du monde. Elles ont été massacrées par millions. On les dépeçaient au fur et à mesure sur d'énormes navires-usines. Et quand il n'y eut plus de grandes baleines, on s'est attaqué aux espèces plus petites... Aujourd'hui, heureusement, les baleines sont protégées. Mais plusieurs pays, comme le Japon et l'Islande, continuent de vouloir chasser les baleines.

La **rhytine** mesurait 8 m. Elle a été exterminée en moins de 30 ans.

La triste fin de la rhytine

Un autre mammifère marin n'a pas pu être sauvé à temps : la rhytine. Tout a commencé en 1741. Cette année-là, une expédition russe a découvert par hasard, dans les eaux glacées du Pacifique Nord, de gros animaux qui broutaient paisiblement des algues près des côtes : des rhytines. Une chasse impitoyable commença alors, car les rhytines fournissaient une huile d'une qualité exceptionnelle. En 1768, la dernière rhytine était tuée !

Pourquoi chassait-on les baleines ?
Les baleines fournissaient une très grande quantité de viande et des dizaines de tonnes de lard, que l'on transformait en huile, pour faire du savon et des bougies. Avec leurs fanons, on faisait... des baleines (de parapluie) !

Combien reste-t-il de baleines aujourd'hui ?
Si l'on additionne les 7 espèces de baleines qui ont été les plus chassées (baleine franche, baleine bleue, baleine à bosse, etc.), il reste environ 200 000 baleines en tout.... Avant qu'on les chasse au canon lance-harpon il y en avait 21 millions ! La plus rare est la baleine franche de Biscaye : il en reste moins de 4 000 (avant il y en avait plus de 100 000 !)

En Australie

L'Australie est peuplée d'animaux que l'on ne trouve nulle part ailleurs, en particulier les marsupiaux. Beaucoup sont en grand danger. Certains ont même déjà disparu.

Le **wallaby-lièvre** a trois terribles ennemis : le chien, le renard et le chat, tous trois apportés par l'homme en Australie.

Le **kangourou-rat du désert** est très rare. On a même cru un moment qu'il avait disparu.

Marsupiaux en danger

Le kangourou, l'animal le plus célèbre d'Australie, est encore très répandu. Mais beaucoup d'autres marsupiaux sont devenus très rares. Certains sont exterminés par les agriculteurs qui les accusent de tuer leurs poules et leurs canards (comme le chat marsupial) ou de manger des fruits dans les vergers (comme le phalanger). D'autres encore, comme le wallaby-lièvre, sont tués par les renards et les chats que les Européens ont apportés avec eux lorsqu'ils se sont installés en Australie.

L'**échidné** a un long museau en forme de tube et son dos est couvert de piquants.

Pourquoi le kangourou n'est-il pas menacé ?
Parce qu'il profite des grandes prairies créées pour les moutons (en Australie, l'élevage des moutons est très important). Il ne mange pas l'herbe des moutons mais certaines plantes qu'il aime poussent mieux dans les prairies à moutons. Il y a donc beaucoup de kangourous.

Est-ce qu'on tue encore des koalas ?
Non, on ne chasse plus les koalas. Mais ils continuent d'être victimes des feux de forêts. Dans les régions habitées, ils sont aussi tués par les chiens. Et pour finir, beaucoup de koalas sont morts d'une grave maladie ces dernières années !

Ours en peluche

Le koala est une adorable boule de poils gris cendré. Il y a seulement 100 ans, on trouvait des koalas dans toute l'Australie. Mais, une fois de plus, les hommes sont responsables d'un massacre : entre 1900 et 1930, des millions de koalas ont été tués pour leur fourrure. Beaucoup d'autres sont morts brûlés par les incendies que les agriculteurs allumaient dans les forêts d'eucalyptus pour dégager des terres à cultiver. Aujourd'hui, le koala est rare mais il est protégé.

Le **koala** n'habite plus que dans l'est de l'Australie. Il mange uniquement des feuilles d'eucalyptus.

Étrange échidné

L'échidné est un curieux animal : il pond des oeufs mais c'est un mammifère ! Son long museau lui sert à fouiller le sol, à la recherche des fourmis et des termites qu'il attrape avec sa langue gluante. Les échidnés sont encore assez nombreux, mais beaucoup sont tués par les chiens.

En Amazonie

L'Amazonie est recouverte par une immense forêt où vit un nombre incroyable d'espèces de plantes et d'animaux sauvages.

Une forêt pleine de vie

La forêt d'Amazonie est la plus grande forêt tropicale du monde : elle est 10 fois plus vaste que toutes les forêts d'Europe réunies. Comme il y fait toujours chaud et humide, c'est un paradis pour les plantes et les arbres : il y en a 50 000 espèces différentes ! Sur un seul arbre, on peut trouver toutes sortes d'oiseaux, de singes et de grenouilles, et des dizaines d'espèces de fourmis, de scarabées et de papillons. La forêt d'Amazonie est donc un vrai trésor de vie : elle abrite le tiers des espèces de plantes et d'animaux que l'on trouve dans le monde !

Le **jaguar** est le roi de la forêt amazonienne. Il est chassé pour sa superbe fourrure tachetée.

Le **tamarin-lion doré** est un singe minuscule qui ne vit plus que dans un tout petit coin de forêt du Brésil.

La destruction de la forêt

Les grands propriétaires coupent des millions d'arbres pour vendre le bois, et les paysans pauvres brûlent la forêt pour obtenir des terres à cultiver.
Il y a aussi de l'or et des pierres précieuses dans le sous-sol ! Alors, tant pis pour les plantes et les animaux ! On tue aussi les animaux pour leur peau ou parce qu'ils gênent, comme les serpents.

C'est quoi exactement l'Amazonie ?
C'est une immense région d'Amérique du Sud, grande comme 12 fois la France. La plus grande partie de l'Amazonie est au Brésil.

Est-ce qu'il reste encore beaucoup d'arbres en Amazonie ?
Oui, la forêt d'Amazonie est encore immense heureusement ; mais on la détruit à grande vitesse ! En 5 ans, elle a perdu un morceau de la taille de la Suisse ! A ce rythme-là, il ne restera plus grand chose dans 20 ans.

Sans arbres, la région deviendra un désert. Des millions d'espèces d'animaux disparaîtront. et les hommes souffriront sans doute de la faim et de la soif...

Le **caïman** est menacé car sa peau est utilisée pour faire des ceinturons, des bottes ou des sacs à main !

Les œufs
du **grand pingouin**
étaient délicieux...

Souvenirs, souvenirs

Il n'y a pas que les animaux préhistoriques qui ont disparu... À cause des hommes, tous ceux-là n'existent plus, sauf dans les musées !

Le fameux **dodo** de l'île Maurice était un drôle d'oiseau. Il nous en reste de belles images.

Le **thylacine** était un marsupial. Il ressemblait à un loup à rayures.

Le **pigeon migrateur** a été massacré par dizaines de millions. Il a disparu en 1914.

Le **canard à tête rose** vivait en Inde. Il n'existe plus qu'empaillé, dans les vitrines de quelques musées.

Les **aurochs** avaient disparu depuis le XVIIe s. On a réussi à recréer un animal qui leur ressemblent.

Le dernier **zèbre couagga** est mort dans un zoo, en 1883.

En grand danger

Quand les animaux ne sont plus assez nombreux dans la nature, leur disparition est presque certaine.

L'**ours des Pyrénées**.
Il n'en reste plus que 6 !

Le **aye-aye** vit dans les forêts de Madagascar. Mais les arbres sont coupés et le aye-aye risque de disparaître pour toujours.

Le **tigre** est beau et en très grand péril !

Le **condor de Californie** n'existe plus que dans les zoos. Il n'y en a plus dans la nature.

Le **takahé.** On croyait que ce gros oiseau de Nouvelle-Zélande avait disparu, jusqu'à ce qu'on retrouve un petit groupe miraculeusement sauvé !

Le **singe-lion doré** du Brésil est l'un des singes les plus menacés du monde.

Le **cœlacanthe** est un étrange poisson qui n'a pas changé depuis 70 millions d'années. Il en reste moins de 300, dans l'océan Indien.

Trop belles

Beaucoup de félins sont menacés de disparition car leur fourrure fait de très beaux manteaux. Ils sont pourtant beaucoup plus beaux vivants !

Le **jaguar** des forêts d'Amérique du Sud a un magnifique pelage tacheté.

fourrures !

Les **tigres de Sibérie** sont plus nombreux dans les zoos que dans la nature.

Le **serval** est un grand chat sauvage d'Afrique.

La **panthère des neiges** vit dans les montagnes enneigées d'Asie. Il n'en reste pas plus de 5 000.

L'**ocelot** est un petit félin d'Amérique.

Le **léopard** est une panthère tachetée d'Afrique.

Pourquoi les protéger ?

Il faut protéger tous les animaux. Pas seulement ceux qui sont beaux ou « sympathiques » !

Le **requin blanc** doit être sauvé, même s'il a mauvaise réputation.

L'**ours blanc** est un grand prédateur. Il est donc très utile.

Une Terre sans **éléphants** serait bien triste !

Le **rhinocéros** vit sur Terre depuis 30 millions d'années et l'homme depuis beaucoup moins longtemps.

La fin des bisons et des Indiens

Les Indiens des grandes plaines des États-Unis chassaient les bisons pour vivre. Ils n'en tuaient pas beaucoup, juste ceux dont ils avaient besoin pour manger et faire leurs habits et leurs tentes...

Ils chassaient avec des flèches ou en s'approchant à pas de loup.

Qui a peur du loup ?

Les loups ont disparu de nos forêts et pourtant ils font encore peur, En réalité, les loups ne sont pas cruels, ils chassent pour se nourrir.

Le loup vit en bande : une **meute**.

Le loup est un carnivore. Ses **crocs** sont redoutables. Mais, il peut rester plus d'une semaine sans manger.

Les louveteaux sont joueurs... et chouchoutés par tous les loups de la meute.

Vrai/faux ?

Il y a beaucoup d'idées fausses sur les loups...

Le loup n'attaque pas les hommes, *il en a peur !*

Le loup est un carnivore* Il chasse les élans, les cerfs ou les caribous... *pas les petites filles !*

Le loup a des yeux brillants et une mâchoire puissante. *Est-ce pour cela qu'il fait peur ?*

La peur du loup remonte au Moyen Âge : on croyait qu'ils attaquaient les hommes. *Mais c'est faux.*

Les hurlements des loups peuvent s'entendre à des kilomètres... Ils ne hurlent pas pour faire peur *mais pour s'appeler entre eux.*

Les loups ne chassent pas seuls mais en meute, pour *avoir plus de chance d'attraper une proie.*

Des monstres imaginaires ?

Ces animaux fantastiques n'ont jamais existé mais ils ont été imaginés à partir d'animaux existant vraiment.

Cerbère

Godzilla ressemble à un dinosaure gigantesque. Comme King Kong, le gorille géant, c'est un monstre qui n'existe qu'au cinéma !

Le **yéti**, l'abominable homme des neiges du Tibet, n'a probablement jamais existé. Mais il ressemble au gigantopithèque, une sorte de gorille géant préhistorique.

Les **licornes** ressemblent à des chevaux tout blancs. Mais elles portent une longue corne en spirale comme le narval, un barbiche de bouc et des sabots comme le cerf.

Le **centaure** mi-homme mi-cheval, le **griffon** mi-aigle mi-lion, et **cerbère**, le chien à trois têtes gardien des Enfers, n'ont bien sûr jamais existé !

Griffon

Les **dragons** cracheurs de feu, comme Shrek, font penser au varan de Komodo dont la gueule est rouge à l'intérieur !

Le **monstre du Loch Ness** a beaucoup fait parler de lui. On a cru l'apercevoir à plusieurs reprises dans son lac écossais. En fait, il s'agissait d'une farce : on l'a su à la mort de son auteur !

Le dico des animaux disparus

A

Andouiller : « branche » des bois des cerfs.

Aquatique : une plante ou un animal aquatique vit dans l'eau ou sur le bord des rivières et des étangs.

Australopithèque : cousin des premiers hommes. Il vivait dans l'est de l'Afrique (en Afrique australe), il y a 4 à 2 millions d'années. Il pouvait se tenir debout et se servir des premiers outils.

Le **andrewsarchus** a été le plus énorme mammifère carnivore de tous les temps. Son crâne mesurait à lui seul 1 m de long !

B

Bitume : matière visqueuse et noire, proche du pétrole.

Bison : grand boeuf sauvage. Le bison a de petites cornes recourbées, une bosse sur le cou et une épaisse crinière brune.

Bois : cornes du cerf, du renne ou de l'élan.

C

Cachalot : très grand mammifère marin carnivore, de la famille de la baleine et du dauphin.

Calmar : animal marin ressemblant à la seiche. Certains calmars sont géants.

Le **doédicurus** était une sorte de tatou géant. Son dos était recouvert d'une cuirasse en plaques osseuses et sa queue se terminait par une boule d'os piquants. Il était aussi gros qu'une petite voiture.

Carcasse : cadavre d'un animal mort déjà dévoré par les prédateurs.

Carnassier : animal qui se nourrit de chair crue. Le lion est un carnassier.

Carnivore : qui mange de la viande. L'homme est un carnivore.

Charognard : animal qui se nourrit de cadavres d'animaux en décomposition. Le vautour est un charognard.

Cachalot : très grand mammifère marin carnivore, de la famille de la baleine et du dauphin.

Cétacé : mammifère marin dont le corps rappelle celui des poissons. La baleine, le dauphin et l'orque sont des cétacés. Les cétacés sont les plus grands animaux marins.

Chevrotain : petit animal des forêts proche du cerf. Il ne porte jamais de bois, mais chez les mâles, les canines dépassent de la bouche et ressemblent à des crocs.

Chevreuil : animal des forêts plus petit que le cerf. Il est roux et ses bois n'ont que 2 branches.

D

Dinosaure : grand reptile préhistorique. Les dinosaures ont vécu sur la Terre, il y a 150 millions d'années. Ils ont disparu il y a 65 millions d'années environ.

E

Échassier : oiseau qui a de très longues pattes et vit près des étendues d'eau. La cigogne et le héron sont des échassiers.

Embouchure : endroit où un fleuve se jette dans la mer.

L'**élasmothérium** était un énorme rhinocéros avec une corne géante et très dure sur tout le dessus de la tête.

Espèce : ensemble d'animaux ou de plantes qui ont des caractères communs et peuvent se reproduire entre eux.

F

Fauve : grand mammifère carnivore sauvage.

Félin : mammifère carnivore de la famille du chat. Les félins sont des chasseurs qui s'approchent discrètement de leurs proies et les tuent grâce à leurs crocs pointus. Le tigre et la panthère sont des félins.

Les félins à **dents de sabre** étaient de grands fauves préhistoriques aux longues dents recourbées et très pointues.

Forêt tropicale : forêt très touffue des régions chaudes et humides proches des Tropiques, en Afrique, en Asie ou en Amérique du Sud. De nombreux animaux y vivent.

Fossile : reste (ou empreinte) d'un animal ou d'une plante préhistorique conservé dans la roche.

Fouine : petit mammifère carnivore vivant dans les bois. La fouine a un museau pointu et une fourrure grise.

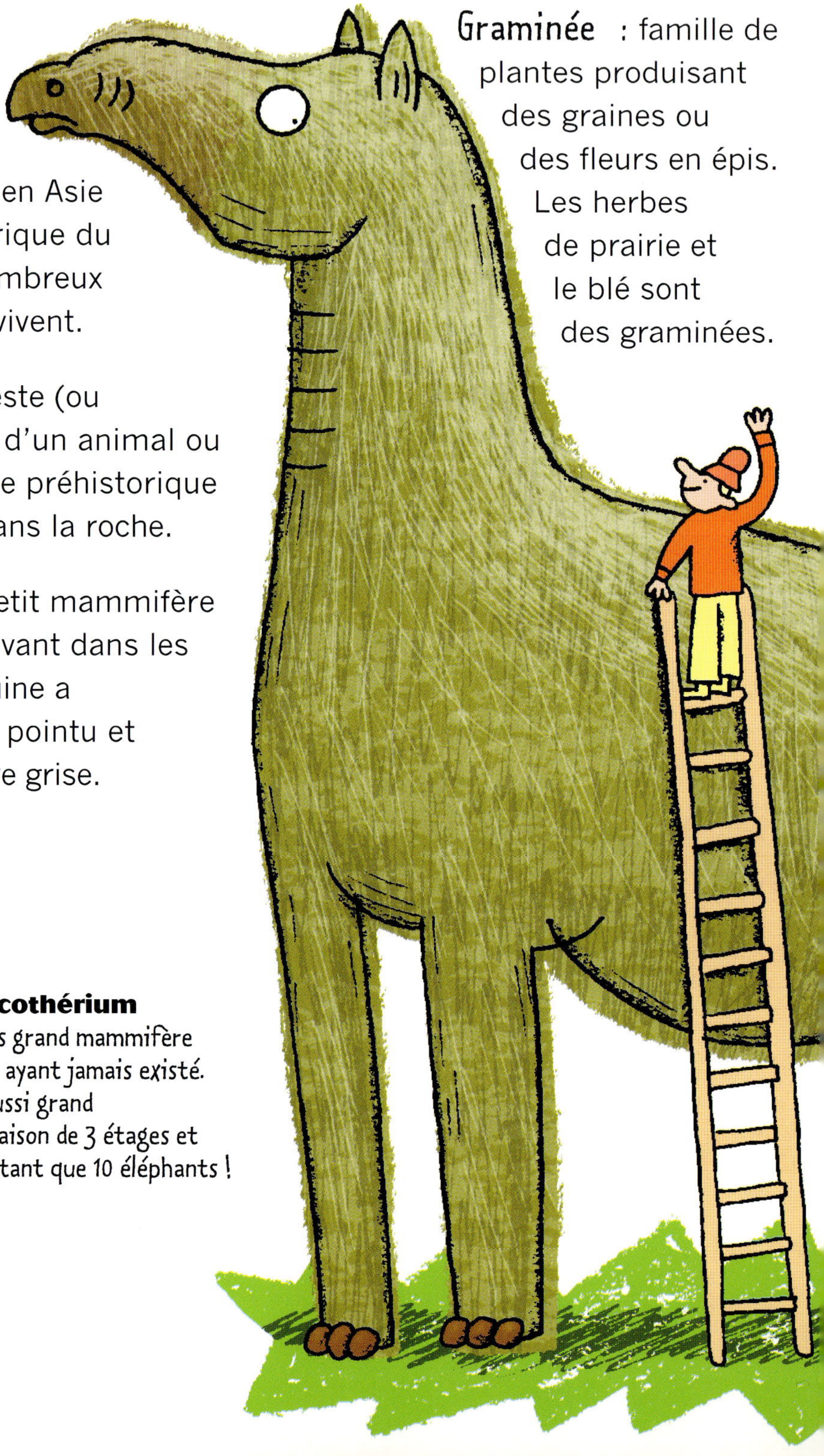

Le **indricothérium** est le plus grand mammifère terrestre ayant jamais existé. Il était aussi grand qu'une maison de 3 étages et pesait autant que 10 éléphants !

G

Graminée : famille de plantes produisant des graines ou des fleurs en épis. Les herbes de prairie et le blé sont des graminées.

Grand Nord : régions glacées proches du pôle Nord.

H

Herbivore : animal qui se nourrit uniquement d'herbes et de feuilles. L'éléphant est un herbivore.

Hibernation : certains mammifères comme la marmotte ou l'ours passent l'hiver en hibernation. Ils vivent au ralenti sans manger et en dormant beaucoup.

I

Insectivore : animal qui se nourrit d'insectes. Les chauves-souris et les lézards sont des insectivores.

Le **macrauchénia** était un drôle d'animal d'Amérique du Sud.

L

Labrador : grand chien à poils ras, noir ou roux.

Lémurien : mammifère ressemblant un peu au singe et vivant à Madagascar et en Afrique.

Léopard : panthère d'Afrique au pelage jaune tacheté de noir.

Loutre : petit mammifère carnivore vivant au bord des rivières. La loutre a une épaisse fourrure brune, des pattes palmées et une queue qui lui sert de gouvernail pour nager.

M

Madagascar : grande île proche de l'Afrique.

Mammifère : animal dont la femelle a des mamelles pour allaiter ses petits. Il y a des mammifères terrestres, vivant sur la Terre, et des mammifères marins, vivant dans la mer. L'homme et la baleine sont des mammifères.

Marsupial : mammifère dont la femelle a une poche sur le ventre, contenant ses mamelles, où les petits finissent de grandir après leur naissance. Le kangourou et le koala d'Australie sont des marsupiaux.

Mastodonte : gros mammifère préhistorique qui ressemblait à l'éléphant. Certains mastodontes avaient 2 paires de défense.

Massaï : peuple d'Afrique.

Maurice : grande île de l'océan Indien, proche de Madagascar.

Migration : chez les animaux, déplacement en groupe selon les saisons.

N

Nageoire caudale : nageoire de la queue.

Neandertal : homme préhistorique, proche des hommes actuels mais ayant disparu.

Nouvelle-Zélande : pays proche de l'Australie, formé de 2 grandes îles. Les premiers habitants de Nouvelle-Zélande étaient les Maoris.

Le **mégathérium** était un paresseux géant. Il se dressait sur ses pattes arrière pour attrapper les feuilles des arbres.

O

Opossum : petit marsupial. Il a un museau pointu, une longue queue couverte d'écailles et de longs doigts avec des griffes pour grimper aux arbres.

Ouistiti : petit singe à longue queue, vivant dans les forêts d'Amérique du Sud.

P

Parreseux : mammifère herbivore d'Amérique du Sud. Il se déplace très lentement.

Phalanger : marsupial d'Australie à la belle fourrure.

Prédateur : animal qui tue d'autres animaux pour se nourrir.

Primate : mammifère qui a un cerveau développé et qui est capable de tenir des objets avec ses mains. Les lémuriens, les singes et les hommes sont des primates.

Proie : être vivant chassé et mangé par un animal prédateur.

Prairie : terre couverte d'herbe.

Puma : félin d'Amérique au pelage beige. Le puma vit dans les arbres.

S

Sabot : au bout de leurs pattes certains mammifères, comme le bœuf ou le cheval, ont un ongle très développé formant un sabot.

Savane africaine : immense plaine d'Afrique où poussent de hautes herbes et quelques arbres. Les zèbres, les girafes, les éléphants et les lions vivent dans la savane.

Scarabée : gros insecte de couleur sombre avec des reflets brillants, de la même famille que le hanneton.

Sibérie : immense territoire entre la Russie et l'Asie aux hivers très longs et glacés.

Steppe : grande plaine presque sans végétation.

T

Tamarin : singe d'Amérique du Sud ressemblant au ouistiti.

Tapir : mammifère herbivore d'Asie et d'Amérique du Sud. Il a un long museau avec une petite trompe.

Tarsier : petit mammifère nocturne aux yeux immenses. Le tarsier vit dans les arbres en Asie.

Tatou : curieux mammifère d'Amérique du Sud. Il a une carapace en écailles et peut se rouler en boule.

Triton : petit animal vert tacheté, vivant dans les mares. Il a un corps allongé et une queue aplatie.

Index

Crédits photographiques

p. 58 hg	Dominique Halleu/Bios
p. 58 bg	Paul Bontemps – Archives Larousse
p. 58-59	Jacques Cartier – Archives Larousse
p. 59 hg	Bibliothèque centrale, M. N. H. N., Paris – Archives Larbor
p. 59 hd	Academy of Natural Sciences of Philadelphia/Corbis
p. 59 md	Yves Forestier/Corbis Sygma
p. 59bd	Paul Bontemps – Archives Larousse.
p. 60	O. Alamany & E. Vicens/Corbis
p. 61 hg	Nigel J. Dennis ; Gallo Images/Corbis
p. 61 hd	Seitre/Bios
p. 61 mg	Dani Jeske/Bios
p. 61 md	Wolfgang Kaehler/Corbis
p. 61 bg	Hubert Klein/Bios
p. 61 bd	Hans frike/FNH Bios
p. 62	Hubert Klein/Bios
p. 63 hg	Seitre/Bios
p. 63 hd	Hubert Klein/Bios
p. 63 md	Martin Harvey/Bios
p. 63 bg	Jean Mayet/Bios
p. 63 bd	Martin Harvey/Bios
p. 64 h	Stuart Westmorland/Corbis
p. 64 b	Corbis
p. 65 h	André Van Rensburg/Corbis
p. 65 m	B. S. P. I/Corbis
p. 65 bg	Martin Harvey ; Gallo Images/Corbis.
p. 66 h	Francis G. Mayer/Corbis
p. 66 bg	AKG, Paris
p. 66 bd	AKG, Paris.
p. 67 hg	A. Bardi, BIOS,
p. 67 m	Jeff Vanuga/Corbis
p. 67 mg	Hubert Klein/Bios.
p. 68. h	RMN/H. Lewandowski
p. 68 b	Sunset Boulevard/Corbis Sygma
p. 69 hg	Rue des archives
p. 69 hd	Hergé/Moulinsart 2003
p. 69 mg	Archivo Iconografico, S.A./Corbis
p. 69 bg	Archivo Iconografico, S.A./Corbis
p. 69 b	Rue des Archives, Paris France
p. 69 md	Vo Trung Dung/Corbis Sygma

Imprimé en Italie par G. Canale & C.S.p.A. (Turin)

21, rue du Montparnasse, 75006 Paris. ISBN 203-565085-2
Photogravure Passport
Conforme à la loi numéro 49 956 du 16 juillet 1949 sur les publications destinées à la jeunesse.
N° projet. 10099612- Juillet 2003